Hochintensives
Intervalltraining
im Ausdauersport

Trainingswissen kompakt

Hochintensives Intervalltraining im Ausdauersport

Stefan Schurr

Herstellung und Verlag:

BoD - Books on Demand, Norderstedt

ISBN-13: 978-3-8391-6841-7

Inhalt

Vorwort

Intervalltraining hat im Ausdauersport eine lange Tradition. Bereits in den 1920ern beschrieb der Physiologe Hill (Hill et. al., 1924) erste Trainingsformen. Etwa zur selben Zeit etablierte auch der Schwede Gosta Holmerdas das Fartlek als neue Trainingsmethode bei Läufern. Mit wechselnder Intensität wurde entsprechend dem Gelände spielerisch trainiert. Darauf aufbauend entwickelte sich das Intervalltraning, das durch den systematischen Wechsel von Be- und Entlastungsphasen gekennzeichnet ist.

In den letzten Jahren hat das Intervalltraining auf allen Leistungsstufen deutlich an Popularität gewonnen. Jüngste Entwicklungen tendieren gar zu hochintensiven Intervallen. Bereits der Namen läßt erahnen um was es dabei geht: hochintensiv bedeutet große Anstrengung, hochintensiv bedeutet schmerzende Muskeln, hochintensiv bedeutet ein extrem hohes Maß an Trainingsbelastung. Damit sind die Intervalle natürlich vor allem für Hochleistungssportler interessant, die auf der Suche nach neuen Trainingsreizen sind.

Aber können auch Athleten niedrigerer Leistungskategorie von solch intensiven Trainingsmaßnahmen profitieren? Das Training verspricht schließlich große Leistungsschübe. Und das mit relativ geringem Zeitaufwand! Damit scheint es auch für Freizeit- und Hobbysportler äußerst attraktiv zu sein. Mit ihrem begrenzten Zeitbudget müssen diese Athleten sowohl in den Trainingsumfängen als auch in der Regeneration Abstriche gegenüber Hochleistungssportlern hinnehmen. Schließlich gibt es gerade für diese Athleten ein „Leben neben dem Sport"! Familie, Beruf, Freunde, usw. ... erfordern Zeit und damit auch teilweise große Kompromisse im Training.

Um Stagnationen im Sport entgegenzuwirken, muss also die Effektivität des Trainings auf einem möglichst hohen Niveau gehalten und „unnütze" Trainingseinheiten weitestgehend vermieden werden.

Sind hochintensive Intervalle das „Wundermittel"? Können sie das traditionelle Ausdauertraining mit geringer und mittlerer Belastungsintensität gänzlich ersetzen? Wohl kaum! Aus heutiger Sicht scheint eine Kombination aus beiden Trainingsformen das vielversprechendste Konzept zu sein.

Dieses Buch bringt Licht ins Dunkel. Neben einigen theoretischen Grundlagen geht es vor allem um die gezielte Planung und Durchführung von hochintensiven Intervallen im Trainingsprozess.

Das Potential ist enorm und für Athleten aller Leistungsstufen einen Blick wert!

HIIT

Hochintensives Intervalltraining ist eine sehr zeiteffiziente und wirkungsvolle Trainingsmethode für Ausdauersportler aller Leistungskategorien.

Zahlreiche Studien belegen, dass mit kurzen aber sehr intensiven Belastungen, im Wechsel mit ebenfalls kurzen Erholungsphasen, ähnliche Anpassungen und Leistungssteigerungen erzielt werden können, wie durch ein traditionelles Ausdauertraining bei moderater Intensität und längerer Belastungsdauer.

Der Einsatz hochintensiven Intervalltrainings zielt dabei vor allem auf eine Verbesserung der maximalen Sauerstoffaufnahme, hat aber zahlreiche weitere positive Effekte auf die Leistungsfähigkeit.

Die maximale Sauerstoffaufnahme (VO_{2max})

Die maximale Sauerstoffaufnahme ist ein Maß für die Leistungsfähigkeit der sauerstoffaufnehmenden, sauerstofftransportierenden und sauerstoffverwertenden Systeme des Organismus. Es handelt sich damit gewissermaßen um die Zusammenfassung der Leistungsfähigkeit der Teilsysteme Atmung, Herz-Kreislauf-System und Muskelzellen. Damit ist sie *DIE* klassische Messgröße zur Beurteilung der Ausdauerleistungsfähigkeit.

Sie zeigt zwar nicht unmittelbar die absolute Leistungsfähigkeit eines Sportlers auf. Sie ist vielmehr ein Maß dafür, wie intensiv der Körper maximal belastbar ist, ohne dass die für die Belastung erforderliche Sauerstoffaufnahme unterschritten wird. Diese Sauerstoffaufnahme erreicht man in der Regel bei einer Intensität, die nur wenige Sekunden bis maximal zwei Minuten aufrecht erhalten werden kann. Damit setzt die VO_{2max} gewissermaßen das obere Limit für die Ausdauerleistungsfähigkeit des Athleten.

Für die objektive Beurteilung der maximalen aeroben Leistungsfähigkeit wird ein Bezug zum Körpergewicht hergestellt. Dadurch wird die Leistungsfähigkeit unterschiedlicher Sportler direkt miteinander vergleichbar.

Eine Zunahme der maximalen Sauerstoffaufnahme erreicht man vor allem durch intensives Training. Dazu setzt man kurzzeitige, sehr intensive Belastungen von etwa drei bis maximal acht Minuten ein. Diese relativ kurzen Wiederholungen, meist innerhalb eines Intervalltrainings, setzen starke Reize auf die Ausbildung der maximalen Sauerstoffaufnahmefähigkeit.

Aber die entscheidende Größe ist nicht ausschließlich die absolute Höhe der maximalen Sauerstoffaufnahme. Was bei Ausdauersportlern das wichtigere Kriterium darstellt, ist die Fähigkeit einen möglichst hohen Prozentsatz dieser maximalen Aufnahme über einen möglichst langen Zeitraum auszunutzen. Die Frage ist in diesem Zusammenhang also wie nah der Athlet über längere Zeit an sein Limit gehen kann. Das Kriterium ist hier die Höhe der anaeroben Schwelle. Ein Blick auf den Energiestoffwechsel und das Verhalten der Laktatkonzentration bei unterschiedlichen Belastungsintensitäten hilft uns in dieser Frage weiter. Wir tun dies im nächsten Kapitel.

Zunächst noch ein Blick auf zahlreiche **weitere Effekte**, die sich durch das hochintensive Intervalltraining und die damit verbundene Steigerung der maximalen Sauerstoffaufnahme erreichen lassen:

- Untersuchungen haben gezeigt, dass mit einer Steigerung der VO_{2max} auch die **Leistungsfähigkeit bei niedrigeren Intensitäten** signifikant ansteigt.

- Ein Training in höherem Geschwindigkeitsbereich verbessert die **Bewegungsökonomie** und verhilft damit auch zu einem effizienteren Umgang mit den körpereigenen Ressourcen. Der Energieverbrauch bei einer gegebenen Geschwindigkeit wird geringer, bei maximaler Ausnutzung der VO_{2max} wird eine höhere Endgeschwindigkeit erreicht.

- Verbesserung der **Säuretoleranz.** Durch die extrem hohe Intensität der Intervalle wird im Körper sehr viel Laktat produziert, so dass der Körper auch lernt mit diesen hohen Laktatkonzentrationen „umzugehen", die **Laktatkompensation sowie -elimination** verbessern sich.

- Verbesserung der **Kapillarisierung in der Muskulatur** und damit eine gesteigerte Sauerstoffausschöpfung. Kapillaren stellen die kleinste Einheit der Blutgefäße unseres Körpers dar. Sie verzweigen sich innerhalb der Muskulatur in einem System feinster Röhrchen und sind unter anderem für die Anlieferung von Sauerstoff und Energie sowie den Abtransport von Stoffwechselendprodukten verantwortlich. Durch den Ausbau und feinere Verzweigungen des Röhrensystem kommt es zu einer gesteigerten Sauerstoffausschöpfung.

- Zunahme der **Mitochondrien**, den so genannten Kraftwerken der Muskelzelle: hier laufen die eigentlichen Stoffwechselprozesse in der Muskulatur ab indem sie der Zelle das zur Energiegewinnung notwendige Molekül Adenosintriphosphat zur Verfügung stellen.

- Zunahme der **Aktivität der aerober Enzyme**. Es handelt sich um Proteine, die biochemische Reaktionen im aeroben Stoffwechsel katalysieren, also die Energiegewinnung unter Einfluss von Sauerstoff unterstützen und verbessern.

Die Energiebereitstellung

Für ihre Aktivität brauchen Muskeln Energie. Zur Bereitstellung laufen im Körper verschiedene, sich gegenseitig ergänzende, Systeme ab.

Der Energiestoffwechsel der Muskulatur

Für die Kontraktion der Muskulatur ist genau ein chemischer Stoff verantwortlich: Adenosintriphosphat (ATP). Dieses Molekül besteht aus Adenosin und drei Teilen Phosphat. Während der Muskelkontraktion wird es durch die Abspaltung eines Phosphatrestes in Adenosindiphosphat (ADP) umgewandelt. Die Energie, die dabei freigesetzt wird, kann dann für die Muskelaktivität genutzt werden.

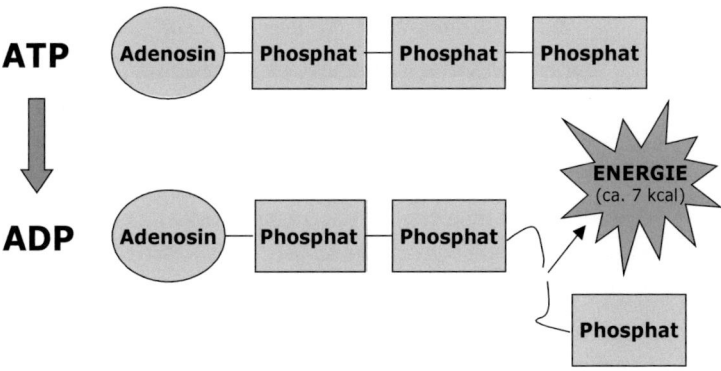

Die ATP-Menge in der Muskulatur ist leider sehr beschränkt, so dass der Energievorrat für eine Einsatzdauer von maximal zwei bis drei Sekunden ausreichend ist. Der Körper muss also für weitere Muskelkontraktionen möglichst schnell aus dem ADP wieder ATP zurückgewinnen. Dabei bedient er sich verschiedener energieliefernder Systeme und –quellen, die unterschiedlich schnell ablaufen.

Kreatinphosphatsystem

Als erstes und schnellstes System kommt das Kreatinphosphatsystem zum Einsatz, das allerdings nur für relativ kurze Zeit Energie liefern kann. Bei maximaler Belastung sind es gerade einmal sechs bis acht Sekunden, so dass nicht einmal ein 100 Meter Sprint alleine mit dieser Energiequelle bestritten werden kann.

Die Energiegewinnung läuft ohne Sauerstoff und ohne Laktatbildung ab (***Anaerob alaktazider Energiestoffwechsel***).

Kreatinphosphat + ADP → Kreatin + ATP

Anaerobe Glykolyse

Die anaerobe Glykolyse ist das zweite System das der Organismus nutzt. Jetzt werden die in der Muskulatur gespeicherten Kohlenhydrate (Glukose) umgesetzt.

Auch die anaerobe Glykolyse läuft ohne die Beteiligung von Sauerstoff. Als Stoffwechselendprodukt entsteht bei dieser Reaktion Laktat (***Anaerob laktazider Energiestoffwechsel***).

$$\text{Glukose} + \text{P} + \text{ADP} \rightarrow \text{Laktat} + \text{ATP}$$

Laktat reichert sich in der arbeitenden Muskulatur an und zwingt den Athleten seine Leistung relativ schnell zu drosseln. Eine typische Belastungen, die vor allem unter dem Einfluss dieses Energiestoffwechsels abläuft, ist der 400 Meter Lauf in der Leichtathletik. Bei Sportlern dieser Disziplin werden mit die höchsten Laktatwerte unmittelbar nach der Belastung gemessen. Werte von über 20 mmol/L sind durchaus möglich. Nach etwa 90 Sekunden Maximalbelastung gewinnt dann zunehmend die aerobe Energiegewinnung unter Sauerstoffeinfluss die Oberhand. Hier werden zwei Energieträger umgesetzt, zum einen die Kohlenhydrate -gespeichert in Muskulatur und Leber- und zum anderen die Fette.

Aerober Stoffwechsel

Der aerobe Stoffwechsel gewinnt bei längerer Belastungsdauer eine immer größer werdende Bedeutung. Da er deutlich weniger Energie pro Zeiteinheit liefern kann, ist die realisierbare Belastungsintensität begrenzt. Umgesetzt werden vor allem zwei Substrate: Kohlenhydrate sowie Fette. Die maximale Energieflußrate ist nur halb (Kohlenhydrate) beziehungsweise ein Viertel (Fette) so groß wie bei der anaeroben Glykolyse. Der Prozess läuft unter Einfluss von Sauerstoff (*Aerober Energiestoffwechsel*). Der Kohlenhydratstoffwechsel ist durch die in Muskulatur und Leber gespeicherten Depots zeitlich begrenzt, so dass während langer Ausdauerbelastungen regelmäßig Energie zugeführt werden sollte.

$$\text{Glukose} + P + ADP + O_2 \rightarrow CO_2 + H_2O + ATP$$

Der oxidative Fettabbau kann auf schier unerschöpfliche Energiereserven zurückgreifen, hat allerdings den Nachteil, dass die maximale Energieflussrate gegenüber dem oxidativen Glykogenabbau nochmals halbiert ist. Somit kann diese Form der Energiebereitstellung lediglich bei relativ niedriger Belastungsintensität genutzt werden.

$$\text{Fette} + P + ADP + O_2 \rightarrow CO_2 + H_2O + ATP$$

Sub-strat	Umsetzung	Verfügbarkeit (max. Einsatzdauer)	Produktion (Flussrate mmol/g/s)
ATP, KrP	anaerob-alaktazid	sehr beschränkt (6-8 Sekunden)	sehr schnell (1,6-3,0)
Glu-kose	anaerob-laktazid	beschränkt (40-90 Sekunden)	schnell (1,0)
Glu-kose	aerob	beschränkt (60-90 Minuten)	langsam (0,5)
Fette	aerob	nahezu unbeschränkt (Stunden bis Tage)	träge (0,25)

Tab.: Energieliefernde Prozesse im Körper

Die Aerobe / Anaerobe Schwelle

Für die Trainingsplanung und -durchführung und die damit verbundenen Effekte, ist das Wissen um die Art der Energiebereitstellung sehr hilfreich.

Bei geringer bis mittlerer Belastungsintensität wird vor allem die aerobe Form der Energiebereitstellung genutzt. Dabei werden sowohl Glykogen (Kohlenhydratstoffwechsel) als auch Fette (Fettstoffwechsel) abgebaut. Steigt die körperliche Belastung an, so benötigt die Muskulatur mehr Sauerstoff um den Energiebedarf zu decken. Der Anteil des Kohlenhydratstoffwechsels an der Energiebereitstellung steigt, der Anteil des Fettstoffwechsels wird geringer.

Ab einer gewissen Belastungsintensität ist das Herz-Kreislaufsystem nicht mehr in der Lage die arbeitende Muskulatur mit genügend Sauerstoff zu versorgen. Dies ist der Punkt, an dem die Laktatkonzentration im Blut stark ansteigt. Laktat ist ein Stoffwechselzwischenprodukt, das beim Abbau von Glykogen entsteht. Seine Konzentration im Blut hängt auch von der Fähigkeit des Körpers ab, dieses wieder abzubauen. Grundsätzlich findet immer eine Bildung von Laktat statt, also auch in Ruhe. Dadurch, dass es fortlaufend abgebaut wird, steigt der Spiegel im Blut aber nicht an, sondern pendelt sich auf einem bestimmten Niveau ein.

In Ruhe, sowie bei niedrigen Belastungssituationen besteht ein so genanntes Laktat-Steady-State, ein Gleichgewichtszustand zwischen Laktatbildung und -abbau. Erhöht sich die Belastung, so stellt sich ein erneutes Gleichgewicht ein. Das Niveau fällt dann entsprechend der Belastungsintensität höher aus. Steigt die Belastung weiter, so wird irgendwann der Punkt erreicht, an dem die Laktatbildung größer ist als der -abbau. Damit kommt es zu einem kontinuierlichen Anstieg der Konzentration im Blut. Der Grenzwert, bei dem die Bildung den Abbau übersteigt, wird maximales Laktat-Steady-State (max$_{Lass}$) genannt und als Dauerleistungsgrenze für Belastungen angesehen, die sich über etwa eine Stunde bewältigen lassen. Bildung und Abbau von Laktat und damit auch die Höhe der Konzentration sind individuell sehr verschieden. Sie hängen neben der körperlichen Grundkonstitution unter anderem auch stark von der Leistungsfähigkeit und dem Trainingszustand des Sportlers ab.

Das Laktatverhalten hängt also ursächlich mit dem Energiestoffwechsel zusammen und spiegelt sich so auch deutlich in der Definition der aeroben und anaeroben Schwellen wieder.

Die aerobe Schwelle

Die **aerobe Schwelle** stellt die Obergrenze der rein aeroben Energiebereitstellung dar. Das anfallende Laktat wird von der Muskulatur selbst beseitigt. Oberhalb dieser Schwelle kann die benötigte Energie nur durch die Beteiligung der anaeroben Glykolyse (anaerob-laktazider Stoffwechsel) bereitgestellt werden. An der aeroben Schwelle steigt die Blutlaktatkonzentration erstmals an.

Die aerobe Schwelle wird durchschnittlich bei ca. 70-80% der anaeroben Schwelle und einem Blutlaktatspiegel von etwa 2 mmol/L erreicht, wobei das allerdings individuell sehr unterschiedlich ausfallen kann.

Der aerob-/anaerobe Übergansbereich

In der Belastungszone des aerob-anaerober Übergangsbereichs halten sich Laktatbildung und -abbau die Waage, man spricht in dieser Zone von einem Laktat-Steady-State.

Die anaerobe Schwelle

Bei weiter erhöhter Belastungsintensität kommt es jenseits der **anaeroben Schwelle** zu einem starken Anstieg der Laktatkonzentration. Bei der anaeroben Schwelle handelt sich um die höchstmögliche Belastungsintensität, welche gerade noch unter Aufrechterhaltung eines Gleichgewichtszustandes („steady state") von Bildung und Abbau des Laktats erbracht werden kann.

HIIT und Energiestoffwechsel

Wir kennen jetzt die verschiedenen Systeme des Energiestoffwechsels. Praktisch ist es so, dass diese unterschiedlichen Arten der Energiebereitstellung immer parallel miteinander genutzt werden. Je nach Belastungsintensität und anfallendem Energiebedarf sind die Anteile jedoch unterschiedlich ausgeprägt.

Am unteren Ende, also bei sehr geringer Intensität, wird vor allem der oxidative Fettabbau genutzt, am oberen Ende ist die Leistungsfähigkeit des Ausdauersportlers dann vor allem von seiner maximalen Sauerstoffaufnahmefähigkeit abhängig.

Wenn man sich die unterschiedlichen energieliefernden Systeme in einer Intensitätsabfolge vorstellt -am unteren Ende der oxidative Fettabbau, am oberen Ende die Fähigkeit der maximalen Sauerstoffaufnahme- so hebt ein Training zur Verbesserung der maximalen Sauerstoffaufnahmefähigkeit gewissermaßen das obere Ende an. Damit verbessert sich dann auch die Leistungsfähigkeit in der Mitte und am unteren Ende der Strecke. Hier eben nur in geringerem Ausmaß. Vereinfacht dargestellt zeigt das die Abbildung auf der nächsten Seite: eine Anhebung der VO_{2max} verbessert auch die Leistungsfähigkeit an der anaeroben Schwelle. Der aerobe Kohlenhydratstoffwechsel sowie die anaerobe Glykolyse gewinnen somit erst bei höheren Belastungsintensitäten zunehmend an Bedeutung. Das gesamte Energiesystem läuft effizienter und ökonomischer.

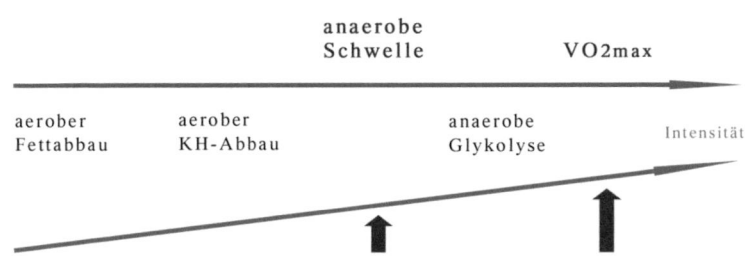

Abb: Auswirkung einer Anhebung der VO2max

Entsprechend verhält es sich mit einem Training, das vor allem auf die Verbesserung des oxidativen Fettabbau (Fettstoffwechseltraining) ausgerichtet ist: die Strecke wird am unteren Ende angehoben, die Leistungsfähigkeit bei allen Intensitäten verbessert sich ein Stück weit. Allerdings fallen die Steigerungen im höheren Intensitätsbereich, der ja vor allem für Wettkampfsportler einen ganz entscheidenden Bereich darstellt, deutlich geringer aus.

Wenn wir die unterschiedlichen energieliefernden Systeme nach diesem Schema als miteinander kooperierende Komponenten einer Intensitätsabfolge betrachten, so macht es durchaus Sinn, dass das hochintensive Intervalltraining auch zur Verbesserung der Leistungsfähigkeit im niedrigeren Intensitätsbereich eingesetzt wird. Zahlreiche Untersuchungen zeigen signifikant positive Effekte auf die aerobe, anaerobe sowie die maximale Leistungsfähigkeit.

HIIT und Leistungsverbesserung

Ein Pionier auf dem Gebiet hochintensiver Intervalle kommt aus Japan. 1996 untersuchte I. Tabata (Tabata I. et. al.,1996) die Auswirkungen hochintensiver Intervalle auf die aerobe sowie die anaerobe Leistungsfähigkeit bei Radsportlern. Das Belastungsprotokoll arbeitete mit sehr intensiven Rad-Intervallen von 20 Sekunden (bei 170% der maximalen Sauerstoffaufnahme) Dauer, gefolgt von 10 Sekunden Pause. Insgesamt wurden 8 Intervalle absolviert, so dass die Gesamtbelastungsdauer bei 4 Minuten lag. Die Athleten trainierten 4 mal pro Woche nach diesem Programm und absolvierten zusätzlich ein Mal pro Woche eine einstündige Dauerbelastung bei 70% der maximalen Sauerstoffaufnahme. Eine Kontrollgruppe trainierte lediglich die einstündige Dauerbelastung, allerdings 5 mal in der Woche.

Nach sechs Wochen Training steigerte sich die VO_{2max} der Tabata-Gruppe von 48 auf 55 ml/kg/min, bei der Kontrollgruppe viel die Steigerung von 52 auf 57 ml/kg/min etwas geringer aus. Lediglich die Tabata-Gruppe konnte zusätzlich im Bereich der anaeroben Kapazität um 28% zulegen.

An der Universität Bern, in Zusammenarbeit mit dem Swiss Health & Performance Lab, wurden 2008 die Effekte eines 11-tägigen hochintensiven Ausdauertrainings bei Nachwuchs Ski Alpin Athleten (FIS Level) untersucht (Hoppeler, et. al., 2008). Das Belastungsprotokoll bestand aus vier 4-minütigen hochintensiven Intervallen mit 3 Minuten Pause. Innerhalb eines Belastungsblocks von 11 Tagen wurden insgesamt 15 HIIT-Einheiten – bei zwei Ruhetagen - absolviert.

Während die Kontrollgruppe, die weiterhin ihr „normales" Training absolvierte, ihre maximale Leistung sowie die Leistung an der anaeroben Schwelle nur leicht (1-2%) erhöhen konnte, steigerte sich die HIIT-Gruppe vor allem in der Leistungsfähigkeit an der anaeroben Schwelle mit 9,6% doch sehr deutlich. Die maximale Leistung konnte um 4,4% angehoben werden. Das Blutvolumen und das maximale Schlagvolumen des Herzens steigerten sich dabei jeweils signifikant um etwa 10%.

Die Belastungsdauer an der VO_{2max} scheint eine Schlüsselstellung zur Verbesserung der aeroben Ausdauer darzustellen. Ebenso zeigt ein in das „normale" Training eingebauter Intensitätsblock enorme Leistungssteigerungen in kurzer Zeit.

Die für diese Anpassungen verantwortlichen Mechanismen sind trainingswissenschaftlich nicht abschließend geklärt. Es gibt unterschiedliche Erklärungsansätze, die wohl alle ihren gewissen Betrag zu den erwähnten Anpassungen liefern. Nachfolgend ein kurzer Überblick über die möglichen Adaptionsmechanismen.

Systemstress

Die menschliche Leistung, die bei einer bestimmten Belastung erbracht werden muss, läßt sich mit der metabolischen Leistung beschreiben. Das ist die Leistung, die der Stoffwechsel aufbringen muss, um die nach aussen sicht- und wirkbare Leistung zu erbringen. Da der menschliche Organismus lediglich einen Wirkungsgrad von knapp 25% hat, bedeutet dies, dass er beispielsweise beim Radfahren für jedes Watt mechanischer Leistung, das am Leistungsmessgerät angezeigt wird, etwa 4 Watt durch seinen Stoffwechsel aufbringen muss. 3 Watt gehen verloren, unter anderem für die Wärmeregulation des Körpers sowie die Aufrechterhaltung wichtiger Körperfunktionen.

Interessant ist jetzt die Betrachtung der maximalen metabolischen Leistung im Zusammenhang mit der Belastungsdauer und dem dominant genutzten Energiesystem.

Metabolische Leistung	6000 Watt	4000 Watt	2000 Watt	1000 Watt
Dominantes Energie-system	Phosphate	Glykogen (anaerob)	aerob	aerob
Dauer	1-5 s	10 s	6 min	120 min
Beispiel	Kugel-stoßen	100m Sprint	2km rudern	60km radfahren

Tab.: metabolische Leistung und dominierende Energiesysteme (Journal of Strenghth and Conditioning Research, 21/3 2007)

Zwei Dinge werden deutlich: erstens ist erkennbar, dass die Energiegewinnung bereits nach wenigen Minuten vor allem aerob erfolgt. Zweitens sieht man, dass bei kurzen intensiven Belastungen ein wesentlich größerer Systemstress für den Organismus vorliegt. Erkennbar ist das an der notwendigen metabolischen Leistung. Ausdauersportler trainieren hauptsächlich bei weniger als 20 Prozent ihrer maximalen Leistung und verursachen damit auch einen relativ geringen Systemstress für Ihren Körper.

Hochintensive Intervalle, die an der Grenze der maximalen Sauerstoffaufnahme durchgeführt werden, beanspruchen erstens alle drei Energiesysteme -Phosphate, aerobe sowie anaerobe Energiegewinnung- und verursachen zweitens einen relativ großen Systemstress, so dass der Körper darauf auch mit entsprechenden Anpassungen reagiert. Sehr hohen Belastungen veranlassen den Organismus alle energieliefernden Systeme -auch die für niedrige Belastungen zuständigen- zu optimieren.

Muskelfaserrekrutierung

Man unterscheidet zwei Arten von Muskelfasern: die langsam kontrahierenden „slow twitch" (ST) sowie die schnell kontrahierenden „fast twitch" (FT). Die werden zusätzlich nach Ihrer Ausprägung in zwei weitere Arten differenzieren.

rot	weiß	
langsam kontrahierend „slow twitch" (ST)	schnell kontrahierend „fast twitch" (FT)	
oxidativ (aerob)	oxidativ (aerob)	glykolytisch (anaerob)
	FTO	FTG
Typ I	Typ II$_A$	Typ II$_B$
Kontraktionsdauer 75ms	Kontraktionsdauer 30ms	Kontraktionsdauer 20ms
wenig Kraft pro Kontraktion, Zugspannungsfaktor 1	kräftige Kontraktion, Faktor 4	sehr große Kraft pro Kontraktion, Faktor 12
ermüdungsresistent	ermüdbar	schnell ermüdet

Tab.: Muskelfasertypen und ihre Merkmale

Typ I Fasern werden für niedrige Belastungen über einen langen Zeitraum benötigt, Typ IIA Fasern vor allem für mittlere Belastungen über einen mittleren Zeitraum und Typ IIB Fasern werden für kurze maximale Belastungen eingesetzt.

Bei Muskelkontraktionen werden die einzelnen Fasern je nach Belastungsintensität in einer vorgegebenen Reihenfolge aktiviert: zu Beginn bei niedriger Belastung die kleinsten, langsamsten und schwächsten vom Typ I. Allerdings bei weitem nicht alle, sondern immer nur der Teil, der auch tatsächlich benötigt wird. Bei ansteigender Belastung werden weitere vom Typ I aktiv. Sind alle rekrutiert, ist der Punkt der maximalen aeroben Leistungsfähigkeit erreicht.

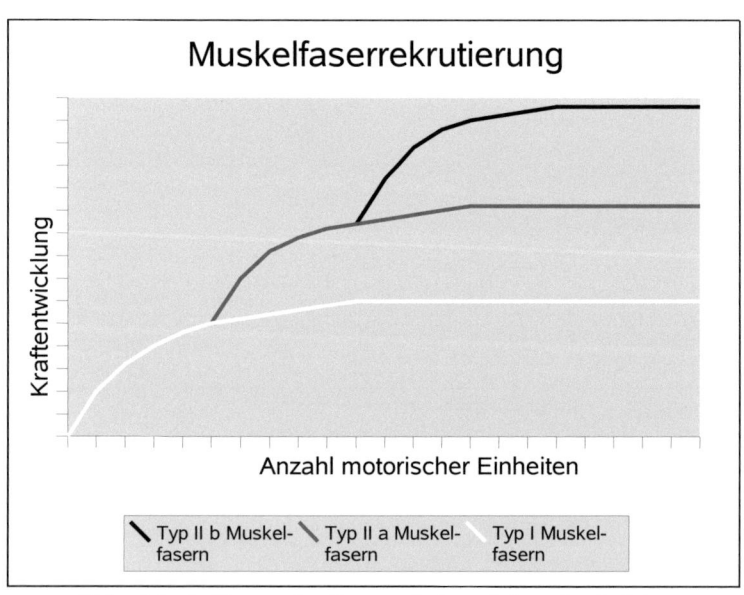

Abb.: Muskelfaserrekrutierung bei ansteigender Leistung

Bei weiterem Bedarf werden nachfolgend die schneller zuckenden und stärkeren Fasern des Typ II_A aktiv. Die größten und schnellsten Muskelfasern des Typ II_B werden erst bei maximaler Auslastung dazugenommen und können nur noch kurze Zeit unterstützend helfen. Die Belastung muss dann relativ schnell reduziert werden

Eine Ausnahme dieser dargestellten Muskelfaserrekrutierung bildet die Forderung nach einem sehr schnellen Kraftanstieg. Hier werden die schneller zuckenden, stärkeren Einheiten von Anfang an aktiviert.

Hochintensives Intervalltraining hat das Ziel, möglichst viele Muskelfasern im Training zu rekrutieren und damit zur Adaption zu bringen. Durch die extrem hohen Belastungsintensitäten werden immer möglichst viele Muskelfasern im Training mit zugeschaltet.

HIIT und Stoffwechsel

Der **Stoffwechsel** oder **Metabolismus** steht für die Aufnahme, den Transport und die chemische Umwandlung von Stoffen im Körper, sowie die Abgabe von Stoffwechselendprodukten. Diese biochemischen Vorgänge (zum Beispiel innere und äußere Atmung, Transportvorgänge, Ernährung) dienen dem Aufbau und der Erhaltung der Körpersubstanz (Baustoffwechsel) sowie der Energiegewinnung (Energiestoffwechsel) und damit der Aufrechterhaltung der Körperfunktionen. Wesentlich für den Stoffwechsel sind Enzyme, die chemische Reaktionen katalysieren. Im Körper finden aufbauende und abbauende Prozesse ab.

Training bedeutet für dem Körper immer ein kataboles (abbauendes) Umfeld. Der Katabolismus ist die angemessene

Reaktion des Körpers auf Belastung. Da der Körper sein eigener Energieträger ist, ist mit einer Belastung auch immer zwangsläufig in gewissem Ausmaß eine Zerstörung von Körpersubstanz verbunden.

Während körperlicher Belastung wird Cortisol ausgeschüttet. Cortisol ist ein Hormon, das katabole Stoffwechselvorgänge aktiviert und so dem Körper energiereiche Verbindungen zur Verfügung stellt. Cortisol besitzt ein sehr breites Wirkungsspektrum und hat im Stoffwechsel vor allem Effekte auf den Kohlenhydrathaushalt, den Fettstoffwechsel sowie den Proteinumsatz (katabol). Der Cortisolspiegel steigt während Belastungen kontinuierlich an, das katabole Umfeld verstärkt sich damit. Bereits nach etwa einer Stunde ist er sehr stark ausgeprägt und auch nach Trainingsende nur schwer wieder zu beheben. Ein Argument dafür, dass das Training lieber kürzer und dafür intensiver ausfallen sollte.

Das intensive Training hat noch einen weiteren Vorteil: der Organismus wird zur Ausschüttung von Testosteron und dem Wachstumshormon Somatropin angeregt. Das schafft nach Trainingsende schnell wieder ein anaboles (aufbauendes) Umfeld und unterstützt die Regeneration nach der Belastung.

Trainingsbereiche

Im Ausdauertraining sind Anpassungen unmittelbar von der Intensität des Trainings abhängig. Daher wird die Trainingsintensität in unterschiedliche Bereiche eingeteilt. Die verursachen dann jeweils spezifische Anpassungen.

Als Referenzwert dient die individuelle anaerobe Schwelle (IANS) des Athleten. Sie kann relativ einfach über einen Laktatleistungstest oder eine Spiroergometrie bestimmt werden. Dem Verlauf der Laktatleistungskurve ordnet man dann unterschiedliche Intensitäten zu. Und zwar über die prozentuale Einordnung im Verhältnis zur Leistung, beziehungsweise der Herzfrequenz, an der individuellen anaeroben Schwelle. Die Steuerung im Training erfolgt anschließend über die Herzfrequenz oder im Radsport auch über die Leistungsmessung.

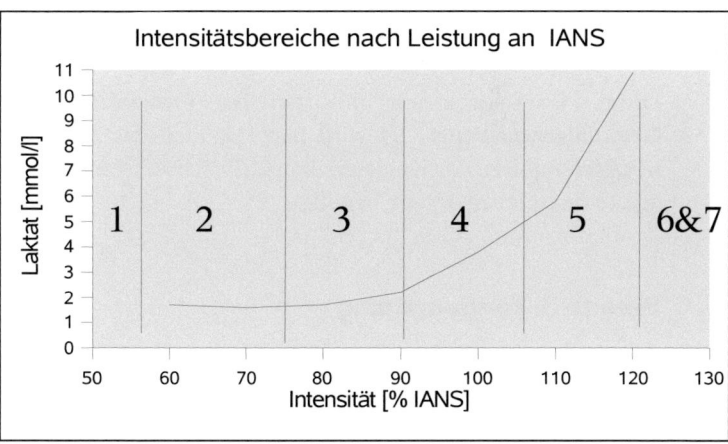

Abb.: Intensitätsbereiche, ermittelt nach der Leistung an der IANS

So definiert man sechs Trainingsbereiche, die sich unterschiedlich auf die energieliefernden Systeme des Organismus auswirken und jeweils spezifische Trainingsanpassungen auslösen. Zusätzlich nimmt man noch einen siebten Trainingsbereich hinzu. Mit sehr hoher Intensität und kurzer Dauer wirkt dieser Bereich dann aber weniger auf die energieliefernden Systeme als vielmehr auf das neuromuskuläre System, also direkt auf die Muskulatur mit seiner nervalen Ansteuerung.

Bereich 1: Aktive Regeneration

Dieser Trainingsbereich dient der **aktiven Erholung** und optimalen Verarbeitung vorangegangener hochintensiver Trainings- und Wettkampfbelastungen. Außerdem wirkte er sich positiv auf die Leistungsfähigkeit für nachfolgend intensives Training und Wettkämpfe aus. Das subjektive Empfinden zeigt eine **sehr geringe Belastung**.

Bereich 2: Ausdauertraining

Dieser Trainingsbereich zielt auf die **Entwicklung der Grundlagenausdauer**. Es wird hauptsächlich der **Fettstoffwechsel** trainiert, der Kohlenhydratstoffwechsel ist nur gering an der Energieversorgung beteiligt.

Bereich 3: Tempotraining

Das Tempotraining findet im mittleren Intensitätsbereich statt und spricht dabei in zunehmendem Maße auch den Kohlenhydratstoffwechsel an.

Bereich 4: Laktatschwellentraining

Dieser Trainingsbereich dient gezielt der Verbesserung der Leistungsfähigkeit im Bereich der individuellen aerob/anaeroben Schwelle. Durch das intensive Training wird die *aerob/ anaerobe Laktatschwelle nach oben* verschoben.

Bereich 5: VO_{2max}-Training

Das VO_{2max}-Training ist durch sehr hohe Belastungen gekennzeichnet. Ziel ist die *Verbesserung der maximalen Sauerstoffaufnahmefähigkeit*. Dafür kommen vor allem intensive Intervalle im Bereich von 4-8 Minuten zum Einsatz. Es handelt sich um den Bereich in dem das hochintensive Intervalltraining stattfindet.

Bereich 6: Anaerobes Training

Zur Verbesserung von *Laktatverträglichkeit* und *-abbau* arbeitet man in diesem Bereich mit sehr kurzen Intervalle von 20 Sekunden bis 3 Minuten in nahezu maximaler Intensität. Für die Entwicklung der VO_{2max} ist die Belastungsdauer im allgemeinen etwas zu kurz.

Bereich 7: Neuromuskuläres Training

Das neuromuskuläre Training findet in maximaler Intensität bei sehr kurzer Dauer unter 8 Sekunden statt. Es zielt damit weniger auf die energieliefernden Systeme des Organismus. Stattdessen wirkt es vielmehr auf das *neuromuskuläre System*, also direkt auf die Muskulatur und deren nervale Ansteuerung.

	Intensitätsbereich						
	1	2	3	4	5	6	7
Leistung [% IANS]	< 55	56-76	76-90	91-104	105-120	> 120	-
Herzfrequenz [% IANS]	< 68	69-83	84-94	95-100	> 100		
Erhöhung VO_{2max}		+	++	+++	++++	+	

Tab.: Trainingsbereiche und Effekt auf die VO_{2max}

Leistungsdiagnostik

Zur Bestimmung der individuellen aerob/anaeroben Schwelle gibt es mehrere Möglichkeiten. Im Laufe der Jahrzehnte wurden die unterschiedlichsten Testverfahren entwickelt, die sich neben dem Leistungssport auch im Freizeit- und Gesundheitssport als sinnvolle und praktikable Maßnahmen durchgesetz haben.

Für Ausdauersportler stellen der Laktatleistungstest sowie die Spiroergometrie (Atemgasanalyse) die gebräuchlichsten und genauesten Verfahren im Bereich der geräteunterstützten Leistungsdiagnostik dar. Sie werden in allen Leistungskategorien -vom Hochleistungs- bis hin zum Gesundheitssport- erfolgreich eingesetzt.

Neben diesen bewährten, allerdings auch relativ aufwendigen, Methoden gibt es im Ausdauersport noch zahlreiche weitere Möglichkeiten und Verfahren, die sich in ihren Zielsetzungen sowie ihrem Aufwand und ihrer Aussagekraft teilweise ergänzen, teilweise aber auch deutlich voneinander abgrenzen lassen. Wir zeigen mit dem Zeitfahrtest (bzw. Tempodauerlauf) und dem Conconi-Test nachfolgend zwei einfache Möglichkeiten der selbständigen Ermittlung der individuellen anaeroben Schwelle.

Der Zeitfahrtest / Tempodauerlauf

Die Leistung an der aerob/anaerobe Schwelle entspricht der maximalen Leistung, die über eine Stunde aufrecht erhalten werden kann. Man spricht deshalb auch von der „Stunden-kapazität".

Testdurchführung

Der Test kann für Läufer und Radfahrer, aber auch für andere Sportarten durchgeführt werden. Das Prinzip ist immer das-selbe. Nach einem ausgiebigen Aufwärmen mit ein paar inte-grierten Temposteigerungen wird mit dem eigentlichen Test begonnen. Je nach Bezugsgröße läuft er folgendermaßen ab:

→ Bezugsgröße **Puls**: • 30 min Zeitfahren /Tempo-
dauerlauf
• Messung des Durchschnitts-
pulses der letzten 20 Minuten
(die ersten 10 Minuten werden
für die „Einregulierung" des
Pulses benötigt)

→ Bezugsgröße **Leistung**:
• 30 min Zeitfahren
• Messung der Durchschnitts-
leistung über die 30 Minuten

→ Bezugsgröße **Schwimmgeschwindigkeit**:
• 1000 Meter Zeitschwimmen
• Ermittlung der Durchschnitts-
zeiten für 100 Meter-Abschnitte

Die Leistung an der anaeroben Schwelle entspricht in etwa der Leistung, die maximal über eine Stunde erbracht werden kann. Entsprechend müsste man bei den ermittelten Puls- beziehungsweise Leistungswerten, die sich ja aus einem Test über nur eine halbe Stunde ergeben, noch etwa 3-5 Prozent abziehen. Im Training eine hohe Motivation aufzubringen ist jedoch äußerst schwierig, so dass sich eher niedrigere Puls- beziehungsweise Leistungswerte ergeben als in einer ent- sprechenden Wettkampfbelastung. Erfahrungsgemäß korrel- ieren die ermittelten Werte daher ganz gut mit Puls- und Leistung in einem einstündigen Wettkampf, also der tatsäch- lichen maximalen Leistungsfähigkeit über diesen Zeitraum. Außerdem werden für die Trainingspraxis ja auch Spann- weiten für die Trainingsbereiche genutzt, so dass die Werte aus dem Test trotzdem als praktikable Bezugsgrößen herange- zogen werden können.

Einen gewissen Sonderfall nimmt das Schwimmen ein. Hier wird die Trainingsintensität normalerweise auch nicht mit Pulswerten sondern mit Zeitvorgaben über 100 Meter Durch- schnittszeiten gesteuert. Aus dem 1000 Meter Test erhält man eine gute Bezugsgröße, aus der sich die Vorgabezeiten für das Training nach dem folgendem Schema ableiten lassen:

Intensitäts- bereich	1	2	3	4	5	6	7
Durchschnittszeit für 100 Meter (prozentual aus der Vorgabezeit)	>126	119 - 125	118 - 110	109 - 104	103 - 100	<100	max.

Conconi-Test

Der italienische Sportmediziner Francesco Conconi entwickelte vor einigen Jahren ein unblutiges Verfahren zur Bestimmung der anaeroben Schwelle.

Der nach ihm benannte Conconi-Test ist eine sehr gute Alternative zur Laktatdiagnostik. Dank des geringen apparativen Aufwandes ist er jederzeit einfach durchführbar und liefert gute Ergebnisse.

Der Test nutzt das Phänomen, dass die Herzfrequenz in einem weiten Bereich linear mit der Belastung ansteigt. Lediglich für niedrige und sehr hohe Belastungen gilt dies nicht.

Der Athlet durchläuft ähnlich der Laktatleistungsdiagnostik eine stufenweise ansteigende Belastung. Zunächst verläuft die Herzfrequenzkurve entsprechend der Leistungserhöhung linear ansteigend. Dies gilt bis zu einer bestimmten Belastungsintensität. Der Punkt, an dem die Herzfrequenzkurve ihre gerade Bahn verlässt und zur Seite abknickt bezeichnet Conconi als den Deflektionspunkt. Dieser entspricht laut Conconi der anaeroben Schwelle und kann somit für die weitere Bestimmung der Trainingsintensitäten als Bezugsgröße herangezogen werden.

Testdurchführung

Am Beispiel des Lauftests soll die Vorgehensweise verdeutlicht werden: auf einer 400-Meter-Bahn läuft der Sportler eine Strecke von 200 Metern mit einer langsamen Anfangsgeschwindigkeit. Alle 200 Meter steigert er das Tempo. Dies geschieht so lange, bis eine weiter Verschärfung nicht mehr möglich ist. An den 200-Meter-Messpunkten werden jeweils

Herzfrequenz und Laufzeit für den 200-Meter-Abschnitt registriert. Je nach Leistungsvermögen des Athleten beginnt man mit einer Zeit zwischen 60 und 70 Sekunden. Gesteigert wird jeweils um etwa zwei bis drei Sekunden, so dass möglichst 8 bis 12 Messpunkte realisierbar sind.

Nach dem Test werden die Werte in einem Diagramm aufgetragen (x-Achse: Geschwindigkeit; y-Achse: Herzfrequenz). Aus der entstandenen Kurve kann jetzt der Deflektionspunkt und damit die anaerobe Schwelle bestimmt werden.

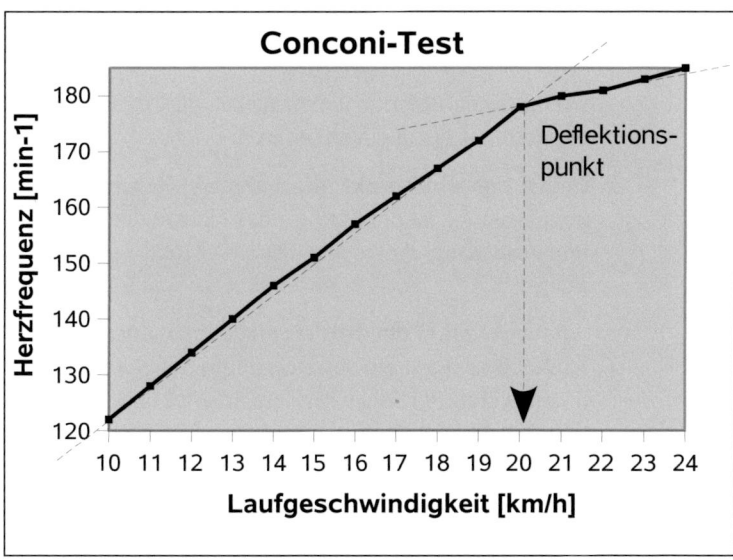

Abb.: Grafische Auswertung des Conconi-Tests

Ursprünglich wurde der Test für das Laufen entwickelt, er kann aber auch sehr gut auf einem Fahrradergometer mit ansteigender Watt-Belastung durchgeführt werden.

Als Feldtest auf dem Fahrrad, oder auch als Schwimmtest, ist zu beachten, dass der Luft- beziehungsweise Wasserwiderstand überproportional anwachsen und somit bei der Diagrammerstellung die Schwimmgeschwindigkeit kubisch $(m/s)^3$ und die Radgeschwindigkeit quadratisch $(km/h)^2$ aufgetragen werden müssen.

Interpretation der Testergebnisse

Für die Beurteilung der Testergebnisse werden vier Kenngrößen herangezogen:

→ **Deflektionspunkt:** je weiter rechts, desto größer ist das aerobe Leistungsvermögen.

→ **Belastungs-Endpunkt:** die maximale Geschwindigkeit/ Leistung ist ein Maß für das Niveau der Schnelligkeitsausdauer sowie die anaerobe Mobilisationsfähigkeit.

→ **Anstiegswinkel der Kurve:** ein kleiner Anstiegswinkel deutet auf ein ausdauertrainiertes Sportherz hin, das Herz-Kreislauf-System arbeitet unter Belastung sehr ökonomisch.

→ **Abstand zwischen Deflektionspunkt und Belastungs-Endpunkt:** je größer der Abstand ausfällt, desto stärker ist die anaerobe Leistungsfähigkeit ausgeprägt.

Die Intensität bei HIIT

Das Ziel des hochintensiven Intervalltrainings besteht vor allem darin, die maximale Sauerstoffaufnahme des Athleten zu erhöhen. Dazu muss die Belastungsintensität auf jeden Fall oberhalb der anaeroben Schwelle ausfallen. Und je länger sich der Athlet oberhalb seiner anaeroben Schwelle befindet, desto effektiver ist das Training. Das Problem besteht dabei aber darin, dass je näher sich der Athlet an seiner maximalen Sauerstoffaufnahmefähigkeit bewegt, desto kürzer fällt die maximal mögliche Belastungsdauer aus. Wie kann man die Belastungszeit möglichst weit ausdehnen?

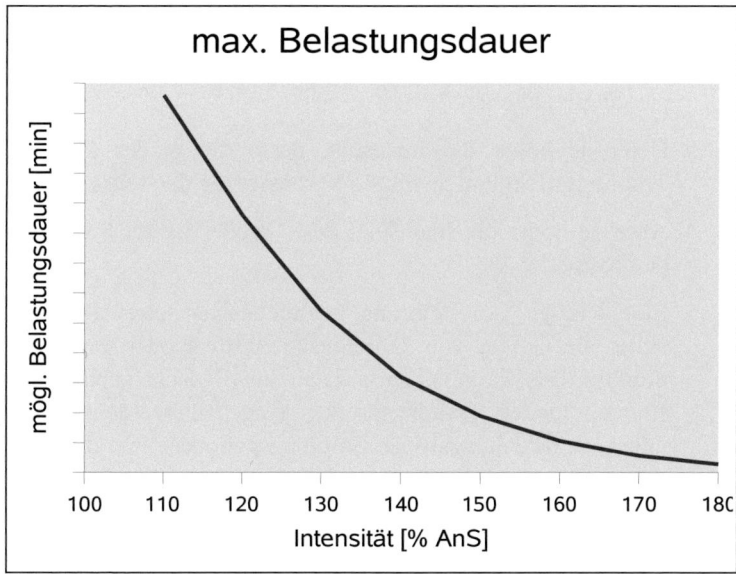

Abb.: maximale Belastungsdauer und Trainingsintensität

Eine Möglichkeit, um die Trainingsintensität über einen längeren Zeitraum aufrecht zu halten, besteht in sogenannten intermittierenden Intervallen. Durch die regelmäßig wiederkehrenden kurzen „Pausen" fällt der Laktatanstieg langsamer aus und die Belastung kann länger auf hohem Niveau gehalten werden. Trotz der sehr hohen Intensität wird das Training als weniger anstrengend empfunden als die Belastung vermuten lässt. Im HIIT wird daher neben den „klassischen" aeroben Intervallen gerne mit dieser Form der Belastung gearbeitet.

HIIT und Regeneration

HIIT ist sehr intensiv! Der Körper wird bei diesem Training enormem Stress ausgesetzt und reagiert mit ausgeprägten Anpassungsreaktionen.

Denn: je höher die Intensität, desto die größer fällt der Trainingseffekt und damit die Verbesserung der VO_{2max} aus!

Aber: je höher die Intensität, desto größer ist der Stress auf den Körper!

Eine häufige Durchführung hochintensiver Intervalle beinhaltet die Gefahr von Trainingsüberlastung oder gar Übertraining. Das Training muss daher mit Bedacht geplant und sinnvoll in den Trainingsprozess eingebaut werden. Erholungstage, beziehungsweise Erholungsperioden, sind dringend notwendig. Wird die Trainingsintensität derart angehoben, so muss gleichzeitig der Umfang des Trainings drastisch reduziert werden. Mehr im Kapitel „Periodisierung mit HIIT".

HIIT Programme

Hochintensive Intervalle werden im Trainingsbereich 5 absolviert. Die Intervalle sollten nach Möglichkeit mindestens 4 Minuten lang sein. Kürzere Belastungen sind für die Entwicklung der VO_{2max} deutlich weniger effektiv. Die ursprünglichen „Grundvarianten", aus denen sich das HIIT-Training entwickelt hat, sind **Aerobe Intervalle**, **Intermittierende Intervalle** sowie **Tabata- Intervalle**. Sie können nach Bedarf auch leicht abgewandelt und den Bedürfnissen des Athleten angepasst werden. Nachfolgend werden verschiedene Varianten für HIIT Trainingsprogramme dargestellt.

Aerobe Intervalle

Aerobe Intervalle haben eine Dauer von 4 Minuten und werden in nahezu maximal möglicher Belastungsintensität absolviert. Zum Einsatz kommen bis zu 4 Intervalle. Die Belastung wird im ersten Intervall subjektive als anstrengend empfunden und steigert sich bis zum vierten Intervall auf sehr anstrengend. Die Pause zwischen den Intervallen beträgt 3 Minuten, so dass das anfallende Laktat in der Pause nicht vollständig abgebaut werden kann. Am Ende des vierten Intervalls sind Blutlaktatwerte von 8-12 mml/L durchaus üblich.

Die Eckdaten aerober Intervalle:

- Trainingsmethode: Intervalle
- Belastungsdauer: 4 Minuten
- Belastungsintensität: Zone 5
- Pausendauer: 3 Minuten
- Belastungsumfang: 2-4 Wiederholungen

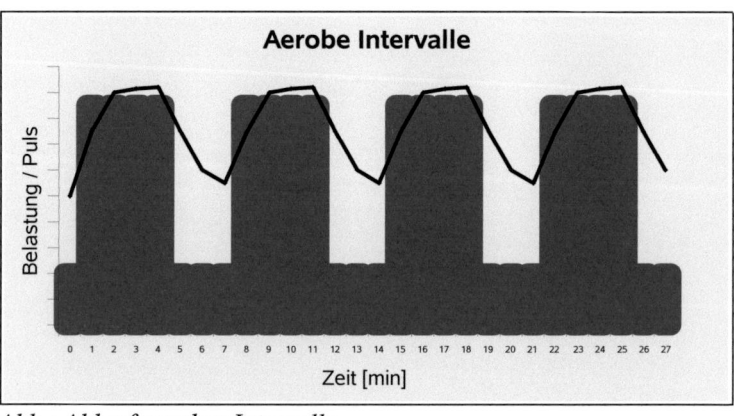

Abb.: Ablauf aerober Intervalle

Intermittierende Intervalle

Intermittierende Intervalle haben eine kurze Dauer von 15 bis maximal 30 Sekunden, sowie lediglich eine der Belastungsdauer entsprechende Pause. So kann die Herz-Kreislaufbelastung über einen längeren Zeitraum auf einem hohen Niveau gehalten werden. Durch regelmäßig wiederkehrende kurze „Pausen" fällt der Laktatanstieg langsamer aus und die Belastung kann länger gehalten werden. Trotz der sehr hohen Belastungsintensität wird das Training als weniger anstrengend empfunden als die Belastung vermuten lässt. Werden mehrere Serien absolviert, so wird dazwischen eine Pause von etwa 10 Minuten eingeplant.

Die Eckdaten intermittierender Intervalle:

- Trainingsmethode: Intervalle
- Belastungsdauer: 15-30 Sekunden
- Belastungsintensität: Zone 5
- Pausendauer: entspricht Belastungsdauer
- Belastungsumfang: 10-20 Wiederholungen / 1-3
                                 Serien

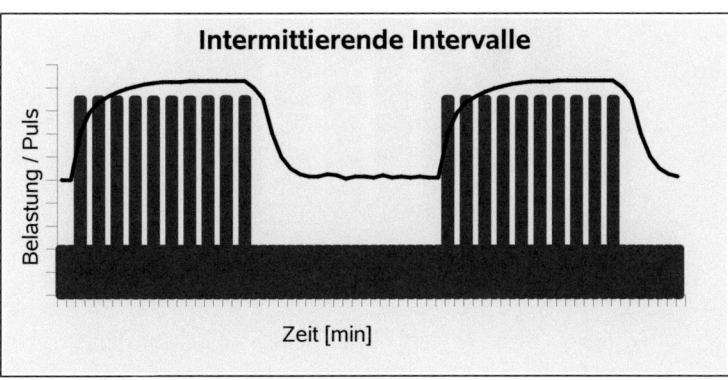

Abb.: Ablauf intermittierender Intervalle

Tabata-Intervalle

Tabata Intervalle sind eine abgewandelte Form klassischer intermittierender Intervalle. Sie haben eine Intervallänge von 20 Sekunden und lediglich eine Pause von 10 Sekunden. Die Belastungen innerhalb der Intervalle ist annähernd maximal, so dass mit nur acht Wiederholungen eine extrem hohe Auslastung des Herz-Kreislaufsystems über eine Dauer von 4 Minuten erreicht wird. Daher wird im Normalfall nur eine Serie absolviert.

Die Eckdaten von Tabata-Intervallen:

- Trainingsmethode: Intervalle
- Belastungsdauer: 20 Sekunden
- Belastungsintensität: Zone 5-6
- Pausendauer: 10 Sekunden
- Belastungsumfang: 8 Wiederholungen

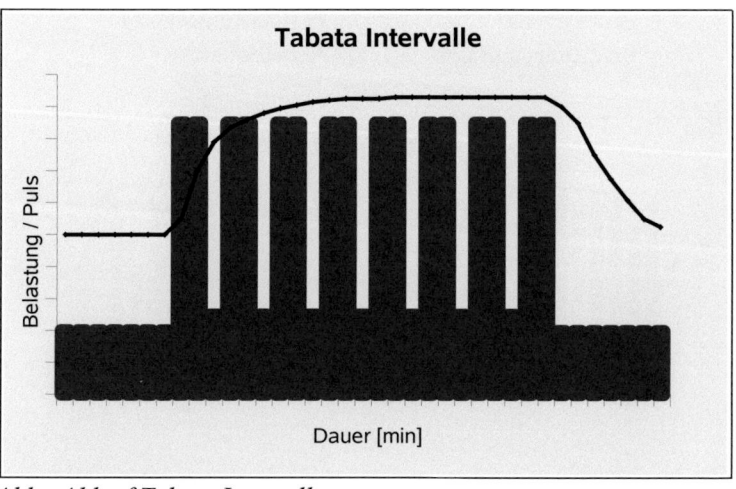

Abb.: Ablauf Tabata Intervalle

Long-Tabata Intervalle

Long-Tabata Intervalle sind eine abgewandelte Form klassischer Tabata Intervalle. Sie haben eine Intervallänge von 40 Sekunden und eine Pausendauer von 20 Sekunden. Es werden 8 Wiederholungen absolviert, so dass die Gesamtbelastung etwas länger ausfällt als bei „klassischen" Tabata-Intervallen, die Intensität dementsprechend darunter natürlich etwas „leidet".

Die Eckdaten von Long-Tabata-Intervallen:

- Trainingsmethode: Intervalle
- Belastungsdauer: 40 Sekunden
- Belastungsintensität: Zone 5
- Pausendauer: 20 Sekunden
- Belastungsumfang: 8 Wiederholungen

Wingate Intervalle

Wingate-Intervalle kommen aus dem Radsport. Hier wird der Wingate-Test für die Bestimmung der alaktazide Leistungsfähigkeit eines Athleten eingesetzt.

Die Intervalle werden auf einem drehzahlabhängigen Ergometer durchgeführt. Es geht darum, bei einer eingestellten Bremskraft von 0,75-1,05 N/kg Körpergewicht eine maximale Pedalgeschwindigkeit zu erreichen und diese möglichst lange aufrecht zu halten. Die Auslastung ist dabei die absolut maximal mögliche Leistung über eine Dauer von 30-45 Sekunden, die Pause zwischen den vier bis sechs Intervallen beträgt jeweils zweieinhalb Minuten. Aus diesen Belastungsparametern ist ersichtlich, dass Wingate Intervalle weniger auf die Ausbildung der maximalen Sauerstoffaufnahmefähigkeit abzielen. Dafür ist die Auslastung des Herz-Kreislauf-Systems zu kurz. Bei dieser Trainingsform geht es vor allem um muskuläre Anpassungen: es sollen möglichst viele Muskelfasern rekrutiert und ausgelastet werden.

Die Eckdaten von Wingate-Intervallen:

- Trainingsmethode: Intervalle
- Belastungsdauer: 30-45 Sekunden
- Belastungsintensität: Zone 6
- Pausendauer: 2,5 Minuten
- Belastungsumfang: 4-6 Wiederholungen

Laufpyramide

Die Laufpyramide arbeitet mit Intervallen unterschiedlicher Länge. Das macht das Programm etwas abwechslungsreicher, aber nicht weniger intensiv! Statt einer Zeit werden Strecken vorgegeben. In abgewandelter Form kann diese Version auch sehr gut auf dem Fahrrad oder anderen Sportarten ausgeführt werden. Es spricht auch nichts gegen adäquate Zeitvorgaben.

Die Eckdaten der Laufpyramide:

- Trainingsmethode: Intervalle
- Belastungsdauer: 100m / 200m / 400m
- Belastungsintensität: Zone 5
- Pausendauer: entsprechend der jeweiligen Belastungsdauer
- Belastungsumfang: 2-4 Serien
- Ablauf: der Athlet läuft jeweils die vorgegebenen 100m / 200m / 400m und macht zwischen den Läufen eine Pause, die der Belastungsdauer des vorherigen Laufes entspricht. Anschließend startet die 2te Intervallserie nach der 400m-Pause sofort wieder mit dem nächsten 100 Meter-Lauf. Absolviert werden insgesamt 2-4 Serien.

Muskuläre Vorbelastung

Es gibt unzählige Möglichkeiten eine muskuläre Vorbelastung in das Intervalltraining einzubauen. Bei dieser Trainingsform geht es darum, dass die Muskulatur vor der eigentlichen spezifischen Belastung durch Kraftreize stark ermüdet wird. Der Hintergrund: es sollen möglichst viele Muskelfasern rekrutiert und ausgelastet werden.

Eine gute Möglichkeit besteht darin, dass Laufbelastungen mit Sprüngen oder Kraftübungen -z.B. Kniebeugen oder Ausfallschritte- ergänzt werden. Genauso gut kann man die natürlich auch mit Radfahren oder anderen Sportarten kombinieren. Für Schwimmer bieten sich zum Beispiel Liegestützen in Kombination mit Schwimmintervallen an. Nachfolgend ein Beispiel für Läufer, das dann den individuellen Bedürfnissen angepasst werden kann.

Die Eckdaten der muskulären Vorbelastung:

- Trainingsmethode: Wiederholungsmethode
- Belastungsdauer: 25 Kniebeugen / 400m laufen
- Belastungsintensität: Zone 5
- Pausendauer: kontinuierliche Belastung
- Belastungsumfang: 2-4 Serien
- Ablauf: es werden 25 Kniebeugen durchgeführt und anschließend 400 Meter auf der Bahn gelaufen. Ohne Pause werden nach der Runde weitere 25 Kniebeugen absolviert, denen erneut ein 400m Lauf folgt. Das kann man auf 2-4 Durchläufe ausdehnen, das Ziel ist eine möglichst geringe Gesamtzeit für die 2-4 Runden.

HIIT Periodisierung

Das hochintensive Intervalltraining dient der gezielten Anhebung der maximalen Sauerstoffaufnahmefähigkeit sowie der Verbesserung der Ausdauerleistungsfähigkeit sowohl im aeroben als auch anaeroben Energiestoffwechsel. Damit kann es sehr flexibel über das ganze Trainingsjahr -mit gewissen Schwerpunkten- eingesetzt werden.

Grundsätzlich kann man den Einsatz des HIIT gemäß zweier unterschiedlicher Philosophien einplanen. Entweder ergänzt man das herkömmliche Ausdauertraining mit einigen wenigen HIIT Trainingseinheiten oder führt alternativ einen HIT Block über mehrere Tage durch.

Jahresperiodisierung

Die klassische Planung eines Jahreszyklus orientiert sich an einem oder mehreren Wettkampfhöhepunkten. Dementsprechend wird das Jahr in ein oder mehrere Makrozyklen eingeteilt.

Ein Makrozyklus erstreckt sich über mehrere Monate. Der Periodisierung innerhalb des Zyklus liegt eine systematische Belastungserhöhung und Spezialisierung bis zum Hauptwettkampf am Ende des Zeitraumes zugrunde.

Makro-zyklus	Trainingsperiode								
Meso-zyklen	Allgemeine Vorbeitung				Spezielle Vorbereitung		Wettkampf		Übergang
	Vorbereitung	Grundlagen I	Grundlagen II	Grundlagen III	Aufbau I	Aufbau II	U W V	WK	Übergang
Mikro-zyklen (Wochen)	1 - 4	5 - 8	9 - 12	13 - 16	17 - 19	20 - 22	23 24	25	26 - 28

Der Makrozyklus wird in kürzere Phasen von jeweils 3-4 Wochen untergliedert, die dann dem Training einer ausgewählten Zielsetzung dienen. Das HIIT Training wird schwerpunktmäßig im Grundlagentraining und in der speziellen Vorbereitung eingeplant, sowie bei längeren Wettkampfperioden in vermindertem Umfang erhaltend eingesetzt.

Das polarisierte Trainingsmodell

Ein wichtiger Trainingsgrundsatz besteht darin, die Trainings-
inhalte und -intensitäten zu variieren. Der Organismus reagiert auf unterschiedliche Belastungen mit jeweils spezifischen
Anpassungsreaktionen. Eine entscheidende Frage ist dabei, in
welchem Verhältnis das Training in den unterschiedlichen
Trainingsbereichen abläuft, also die Verteilung der Trainingszeit in den einzelnen Intensitätszonen. Ein Blick auf Profiathleten ist in diesem Zusammenhang ganz aufschlussreich.
Untersuchungen haben bei erfolgreichen Ausdauersportlern
eine interessante Verteilung eben dieser Belastungsintensität
über das Jahr ergeben (Seiler & Kjerland, 2006).

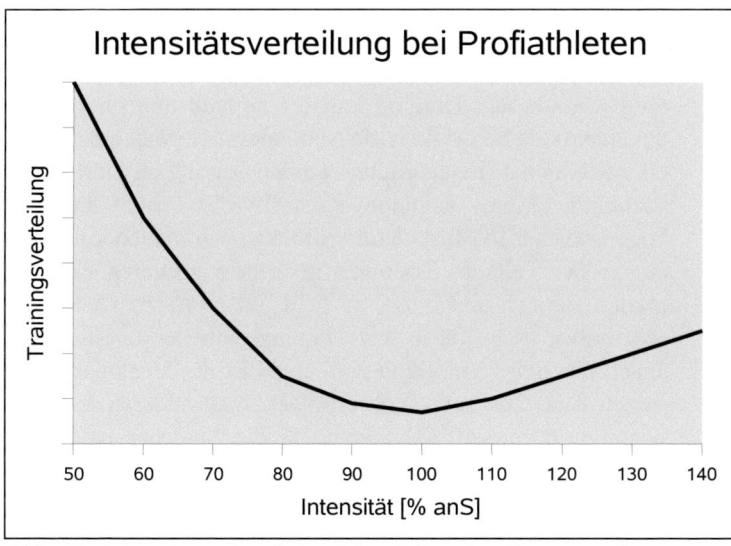

Abb: Trainingsintensität bei erfolgreichen Ausdauersportlern

Ca. 80% des Trainings erfolgt in niedriger Belastungsintensität unterhalb der aeroben Schwelle, beziehungsweise unter 2 mmol/l Laktat. Die restlichen 20% verteilen sich auf mittlere und vor allem sehr hohe Belastungsintensitäten. Hierbei ist allerdings zu beachten, dass je nach Sportart insbesonders in der Verteilung der Trainingsintensitäten um und knapp über der anaeroben Schwelle teilweise deutliche Variationen zu beobachten sind. Trotzdem läßt sich ein klarer Trend erkennen: der Hauptteil des Trainings findet im niedrigen Intensitätsbereich statt, der mittlere Intensitätsbereich im aerob/anaeroben Übergangsbereich wird gemieden und der Rest des Trainings sehr intensiv gestaltet.

Warum ist das so? Welchen Vorteil bietet diese Herangehensweise?

Die gesamte Trainingsbelastung ergibt sich immer aus zwei Komponenten, der Trainingsintensität und dem Trainingsumfang. Gerade das Training knapp unterhalb und im Bereich der anaeroben Schwelle wirkt sehr belastend. Neben der großen muskulären Erschöpfung werden zusätzlich durch den vorrangig aktiven Kohlenhydratstoffwechsel auch die Glykogenspeicher in Muskulatur und Leber stark erschöpft. Wird ein großer Teil des Trainings in diesem mittleren submaximalen Bereich absolviert, so geht das meist zu Lasten der sehr hohen Intensität in den Trainingseinheiten oberhalb der anaeroben Schwelle. Denn zum einen ist die Muskulatur von diesen Einheiten sehr stark ermüdet. Zum anderen fehlt der wichtige Brennstoff Glykogen, da die Speicher nach dem vorausgegangenen Training nicht wieder vollständig aufgefüllt sind.

Durch eine Polarisierung des Trainings soll also vor allem die Trainingsqualität in den intensiven Einheiten verbessert werden. Für Profiathleten ein wichtiger Aspekt. Gerade auf hohem Leistungsniveau wird es ja zunehmend schwieriger dem Körper die notwendigen Reize für neue Anpassungen zu bieten.

So weit so gut! Aber läßt sich das Trainingsmodell auch auf Freizeit- und Hobbysportler übertragen. Gerade für die ambitionierten unter ihnen, die ja teilweise neben Beruf und Familie noch einen enormen Zeitaufwand für den Sport betreiben, scheint dies zuzutreffen und auf jeden Fall einen Versuch Wert zu sein.

Interessant ist in diesem Zusammenhang eine Studie, die Esteve-Lanao et al. (2007) mit ambitionierten Hobbyathleten durchführte: zwei Gruppen trainierten über fünf Monate nach zwei unterschiedlichen Trainingsmodellen und dem selben Gesamttrainingsumfang. Die Verteilung der Trainingsintensität der beiden Gruppen sah während der Studie entsprechend der nachfolgenden Tabelle aus:

	Training unterhalb der aeroben Schwelle (~ 75% VO2max)	Training im aerob/anaeroben Übergangsbereich (~ 75%-90% VO2max)	Training oberhalb der anaeroben Schwelle (>90% VO2max)
Gruppe 1	80 %	12 %	8 %
Gruppe 2	67 %	25 %	8 %

Tab.   Verteilung der Trainingsintensität in zwei Trainings-
        gruppen(nach Esteve-Lanao et. Al, 2007)

Das erstaunliche Ergebnis der Studie ist die Tatsache, dass die erste Gruppe ihre Zeit in einem 10km-Wettkampf im Schnitt mehr steigern konnte (157s) als die zweite Gruppe (120s). Und das obwohl die zweite Gruppe ja absolut die gleiche Zeit oberhalb der anaeroben Schwelle trainiert hatte und zusätzlich wesentlich mehr Zeit im Bereich knapp unterhalb, beziehungsweise sogar in der Wettkampfintensität, verbracht hatte. Anscheinend verbrauchten die Athleten sehr viel Energie in submaximaler Trainingsintensität, so dass die Belastungen im hochintensiven Bereich vermutlich zu niedrig ausfielen. Ein Phänomen, das im Freizeit- aber auch ambitionierten Breitensport sehr häufig anzutreffen ist: oft wird in den leichten Trainingseinheiten zu hart und in den intensiven Einheiten zu leicht trainiert. Das ganze Training tendiert zur „Mitte", so dass dem Körper keine neuen wirksamen Trainingsreize mehr geboten werden. Was auf niedrigem Leistungsniveau noch ganz gut funktioniert, verliert auf hohem und höchstem Leistungsniveau immer mehr an Wirkung!

Zusammenfassend kann man also attestieren, dass erfolgreiche Ausdauersportler eine überraschend ähnliche Verteilung von Trainingsintensitäten aufweisen:

- Ca. **80% des Trainings** erfolgt mit einer geringen Belastungsintensität **unterhalb der aeroben Schwelle** beziehungsweise unterhalb 2 mmol/l Laktat.

- Die restlichen **20%** verteilen sich dann auf hohe und vor allem **sehr hohe Belastungsintensitäten**.

Seiler und Kjerland (2006) definieren eine optimale Verteilung der Trainingsintensität nach ihrem Modell des „polarized trainings" folgendermaßen:

- Trainingszone 1 (geringe Belastung): 75 – 80%
- Trainingszone 2 (mittlere Belastung): 5%
- Trainingszone 3 (hohe Belastung): 15-20%

Hierbei ist zu beachten, dass je nach Sportart und auch nach Leistungsklasse die Verteilung in den Trainingszonen 2 und 3 zum Teil deutliche Variationen aufweisen kann. Sportler reagieren auf Belastungsreize unterschiedlich, so dass durchaus für den einen oder anderen auch sinnvoll sein kann, von dem gegebenen Muster etwas abzuweichen. Auch das Trainingsalter und Leistungsniveau spielt eine Rolle. Wir haben das bereits angesprochen. Gerade Ausdauersportler, die sich schon längere Zeit auf hohem Niveau bewegen, sollten die Polarisierung stärker ausprägen um weitere trainingswirksame Reize zu setzen.

Wochenplanung

Wird ein „Mischtraining" bevorzugt, so kann das Grund-lagentraining um jeweils 2-3 HIIT Einheiten pro Woche ergänzt werden, der Rest des Ausdauertrainings wird entsprechend den Ausführungen zum polarisierten Trainingsmodell mehr oder weniger rein aerob absolviert. Eine zu häufige Durchführung des hochintensiven Intervalltrainings beinhaltet die Gefahr von Überlastungen und Übertraining. Eine Trainingswoche kann dann je nach Anzahl an HIIT-Einheiten und Trainingstagen etwa wie die folgenden Beispiele aussehen.

	HIT Training		HIT Training		Aerobes Training	Aerobes Training
MO	DI	MI	DO	FR	SA	SO
Ruhe-tag		Ruhe-tag		Ruhe-tag		

	HIT Training	HIT Training		HIT Training	Aerobes Training	Aerobes Training
MO	DI	MI	DO	FR	SA	SO
Ruhe-tag			Ruhe-tag			

MO	DI	MI	DO	FR	SA	SO
	HIT Training	Aerobes Training		HIT Training	Aerobes Training	Aerobes Training
Ruhe-tag			locker			

Nach dieser Trainingsphase im Grundlagentraining reicht ein „Erhaltungstraining" mit einer bis zwei HIIT-Einheiten pro Woche aus.

Als planerische Hilfe für die Wochenplanung dienen die folgenden Hinweise:

- Gestalte das Programm rund um die intensiven Einheiten, sie geben das Gerüst der Wochenplanung vor und sollten im ermüdungsfreien Zustand absolviert werden.

- Absolviere den größten Teil des Trainings bei einer Intensität unter der aeroben Schwelle

- Minimiere die Trainingszeit im mittleren aerob/anaeroben Übergangsbereich

Der HIIT-Block

Trainingsblöcke werden zum gezielten Einsatz von Gipfelbelastungen eingeplant. Meist werden sie zur weiteren Steigerung der Trainingsbelastung und zur Entwicklung ausgewählter konditioneller Fähigkeiten im mittleren bis späteren Verlauf eines Makrozyklus ausgeführt.

Welchen Vorteil bieten gezielt auf einen oder wenige konditionelle Fähigkeiten ausgerichtete Trainingsblöcke?

- Die konzentrierte Belastung auf eine oder wenige konditionelle Fähigkeiten stellt vor allem auf hohem Leistungsniveau einen optimalen Trainingsreiz dar. Denn auf hohem Leistungsniveau ist es sehr schwierig bis nahezu unmöglich mehrere konditionelle Fähigkeiten gleichzeitig zu steigern.

- Durch das Training weniger konditioneller Fähigkeiten vermeidet man das gleichzeitige Training miteinander konkurrierender Fähigkeiten.

Anpassungen des Organismus verlaufen nicht linear. Am Beginn eines Trainingsblocks sind durch neue Reize wesentlich größere Steigerungsraten zu verzeichnen. Nach etwa zwei bis drei Wochen verlangsamt sich die Adaption merklich. Aus diesem Gesichtspunkt bietet sich ein Trainingsblock von maximal dieser Dauer an, im HIT-Training reicht durch die extreme Belastung mitunter auch eine Woche vollkommen aus. Ansonsten steigt die Gefahr der Überlastung und des Übertrainings deutlich an. Nach dem HIIT-Block wird das

Augenmerk auf andere Fähigkeiten gesetzt und das Training entsprechend neu ausgerichtet.

HIIT Blöcke stellen durch die enorme Intensität des Trainings einen enormen Stress für den Körper dar. Sie sollten daher nicht zu oft eingesetzt und maximal 2-3 mal pro Jahr absolviert werden. Innerhalb eines Blocks können durchaus auch zwei HIIT-Trainingseinheiten pro Tag durchgeführt werden, ergänzendes Training sollte sparsam, mit geringem Umfang und nur in niedriger Intensität eingeplant werden. Nach einem HIIT-Block ist auf jeden Fall eine „Ruhewoche" mit leichtem Training in niedriger Intensität angesagt.

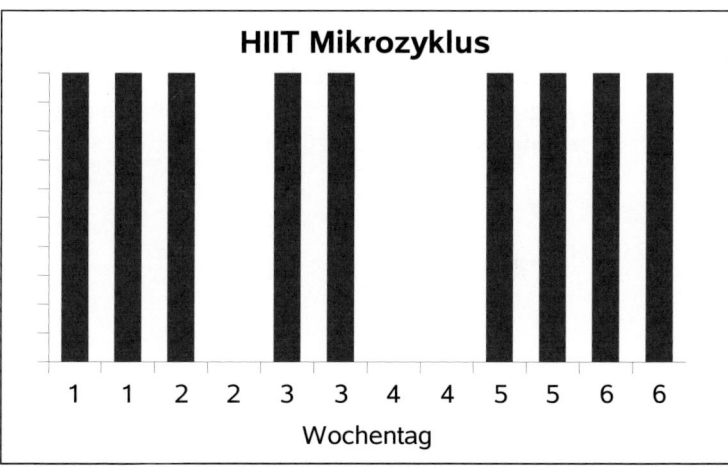

Abb.: HIIT-Trainingseinheiten über 6 Tag

Nützliche Hinweise für die Durchführung von HIIT-Blöcken:

- Durchführung das HIIT Blocks nur in erholtem Zustand.

- Maximal 3-4 einzelne Schockzyklen (5-7 Tage) pro Jahr.

- Doppel-Schockzyklen (10-14 Tage): maximal 2 pro Jahr.

- Spätestens nach 3 Trainingstagen ein Ruhetag.

- Ergänzendes Training sollte sparsam, mit geringem Umfang und nur in niedriger Intensität eingeplant werden (Erhaltungstraining).

- Nach Schockzyklen ist unbedingt eine ruhige „Erholungswoche" mit aerobem Grundlagentraining in niedriger Intensität einzuplanen.

Regeneration

Eines der wichtigsten Trainingsprinzipien ist die **optimale Gestaltung von Belastung und Erholung.**

Die Regeneration ist eine notwendige Voraussetzung für weitere Belastungen und sollte unbedingt in der Planung ausreichend berücksichtigt werden. Sie dient sowohl der physischen als auch der psychischen Erholung der vorangegangenen Trainingsbelastungen. Prinzipiell kann man nach einem Belastungsschema von 2:1 oder 3:1 trainieren, also nach zwei, beziehungsweise drei Belastungswochen eine Regenerationswoche einlegen. Eine weitere Möglichkeit, die sich vor allem für Berufstätige anbietet, sind zwei Wochen inklusive der flankierenden Wochenenden als Belastungsblock einzuplanen und dann von Montag bis Freitag die „Ruhewoche" zu absolvieren. Der nächste Belastungsblock startet dann wieder am Samstag. Somit ergibt sich ein Belastungs –Erholungs-Verhältnis von 16:5 Tagen.

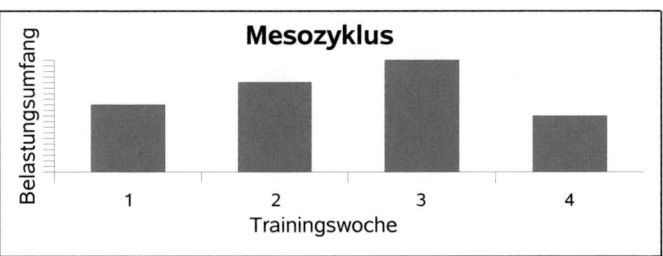

Ganz wichtig ist eine drastische Reduktion des Belastungsumfangs in der Regenerationswoche auf bis zu 30-50% der letzten Belastungswoche.

Literatur & Internet

Literatur

Berbalk/Neumann: Ausgewählte Ergebnisse der komplexen Leistungsdiagnostik im Triathlon. 18. Triathlon-Symposium; Leipzig 2003

Brings, Johanna: Leistungsdiagnostik, Seminarunterlagen. Deutsche Trainer Akademie 2007

Esteve-Lanao et al. (2007): Impact of training intensity distribution on per-formance in endurance athletes. Journal of Strength Conditining Research 21, 943-949

Friel, Joe: Die Trainingsbibel für Triathleten. Covadonga-Verlag; Bielefeld 2007

Haber: Leitfaden zur medizinischen Trainingsberatung. Springer Verlag; Wien 2001

Heck, H. / Schulz H., Methoden der anaeroben Leistungs-diagnostik. In Deutsche Zeitschrift für Sportmedizin 7+8/2002

Heinrichs, Mario: Die Spiroergometrie als apparative Labordiagnostik. Semesterarbeit. Uni Leipzig 2004

Hill, et.al: Muscular exercise, lactat acid, and the supply and utilization of oxygen. Parts I-VI. Proceedings of the Royal Society of London. Series B, 1924

Hollmann/Strüder/Predel/Tagarakis: Spiroergometrie. Schattauer-Verlag; Stuttgart 2006

Hoppeler, et. al.: Trainingsintensitätskonzepte im Ausdauerbereich – Trainer Enquete; Bregenz 2007

Hoppeler, et al: Hochintensives Intervall Training - Schock-Mikrozyklen. SHPL – Institut für Anatomie der Universität Bern; Schweiz, 2008

Hoppeler, et al: Hochintensives Intervall Training - Trainingssteuerung. SHPL – Institut für Anatomie der Universität Bern; Schweiz, 2008

Issurin, Vladimir: Block Periodization. UAC Verlag; Michigan, USA 2008

Issurin, Vladimir; Lustig, Gilad: Zusammenstellung von Trainingseinheiten gemäß dem Konzept der Blockperiodisierung. In: Leistungssport 3/2007. phillipka-Sportverlag; Münster 2007

Journal of Strenghth and Conditioning Research, 21/3 2007

Kindermann: Anaerobe Schwelle. In Deutsche Zeitschrift für Sportmedizin 6/2004

Laursen,P.B; Jenkins,D:G.: The scientific basis for high-intensity interval training: Optimising training programmes and maximising performance in highly trained endurence athletes. Sports Medicine 32(1): 53-73.

Neumann/Pfützner/Berbalk: Optimiertes Ausdauertraining. Meyer & Meyer Verlag; Aachen 2007

Retzlaf, Kristin: Schwellenkonzepte der anaeroben Laktatschwelle in Ausdauersportarten. Semesterarbeit; Uni Magdeburg 2003

Riehle: Conconi & Co. Leistungstests im Vergleich. In Triathlet 2/1999

Schurr, Stefan: Leistungsdiagnostik: Der Laktatleistungstest und seine Alternativen. BoD Verlag; Norderstedt 2007.

Schurr, Stefan: Individuelle Trainingsplanung. BoD Verlag; Norderstedt 2008

Seiler Ks., Kjerland Go.: Quantifying training intensity distribution in elite endurance athletes: is there evidence for a „optimal" distribution? In: Scandinavian Journal of Medicine and Science in Sports 16, 49-56. 2006.

SOMC: Leistungsdiagnostik Ausdauer. Swiss Olympic Medical Center; 2001

Tabata I. et. al. (1996). "Effects of moderate-intensity endurance and high-intensity intermittent training on anaerobic capacity and VO2max". *Med Sci Sports Exerc.* **28** (10): 1327–30

Vogt/Breil/Weber/Hoppeler: Intervalltraining zur Verbesserung der VO_{2max}. SHPL – Institut Anatomie der Universität Bern; Schweiz

Vogt/Brügger/Schütz/Wehrlin/Umberg/Aeschlimann/Matter/ Bürgi: Physiologische Trainingsintensitätszonen. Fachgruppe Ausdauer Swiss Olympic; Maggingen Schweiz 2005

Wahl et al.: Thesen zum High Intensity Training. Deutsche Sporthochschule; Köln 2009

Weinberger, Stefanie: Hart, aber schmerzlich. In tour 1/2011

Zintl/Eisenhut: Ausdauertraining. BLV-Verlag; München 2005

Internet

http://www.2peak.com/tools/hawaii3.php

http://www.coreperformance.com

http://www.fitness.com

http://www.sfsn.ethz.ch

http://www.shpl.ch

http://www.sport-und-training.de

http://tv.triathlon-szene.de/index.lasso?Rubrik=Filme